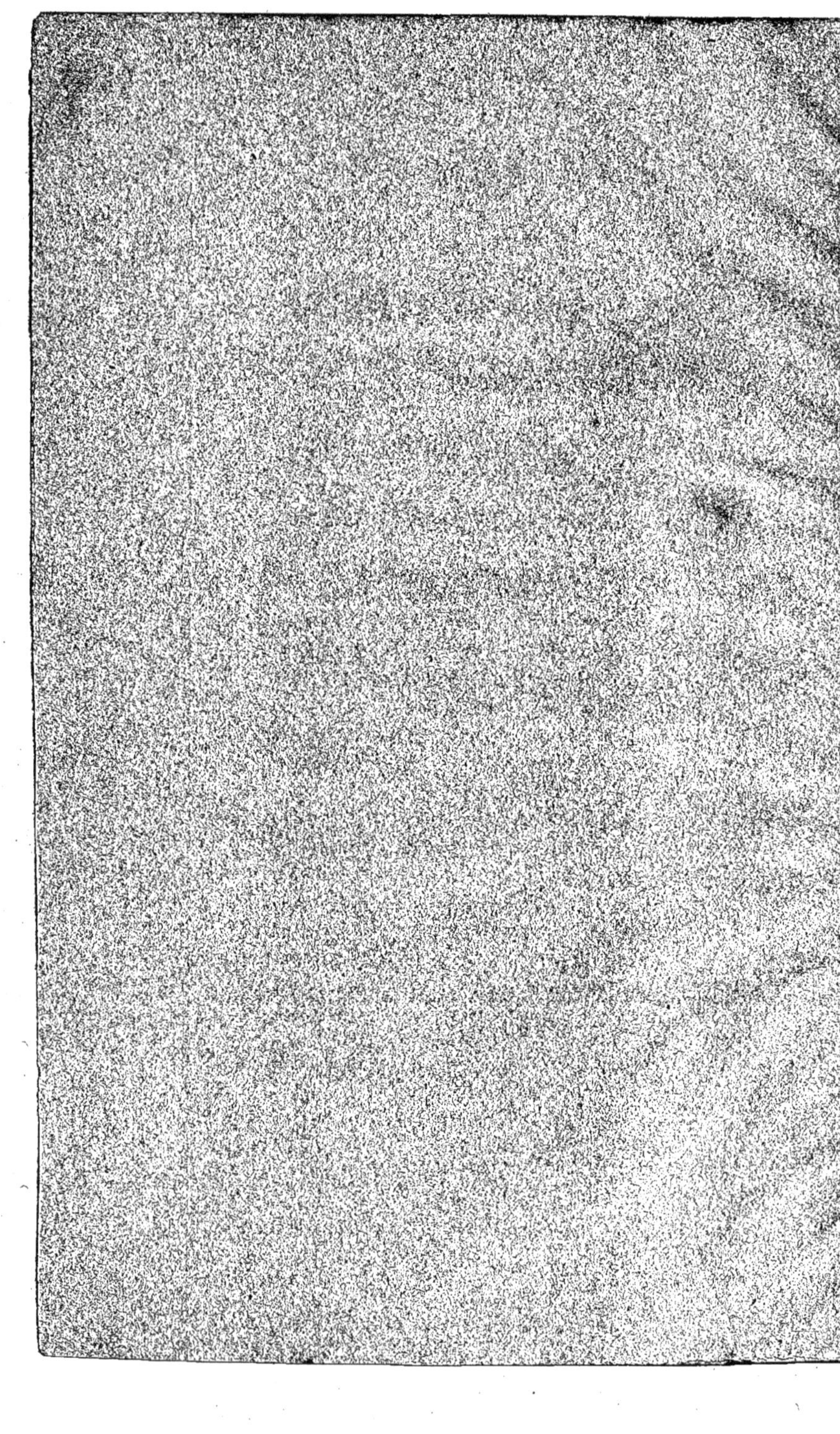

DES DEGRES DE DIMENSION

ET

DE COMPARAISON

EN BASQUE

par

M. H. DE CHARENCEY

SECRÉTAIRE DE LA SOCIÉTÉ DE LINGUISTIQUE DE PARIS
MEMBRE CORRESPONDANT DE L'ACADÉMIE IMPÉRIALE DES SCIENCES
ARTS ET BELLES-LETTRES DE CAEN

CAEN
F. LE BLANC-HARDEL, IMPRIMEUR-LIBRAIRE
RUE FROIDE, 2

1867

Extrait des Mémoires de l'Académie impériale des Sciences, Arts et Belles-Lettres de Caen.

DES DEGRÉS DE DIMENSION

ET

DE COMPARAISON

EN BASQUE.

L'excessive richesse de la langue basque ne se fait pas moins remarquer dans la manière dont elle exprime les degrés de dimension et de comparaison que dans tout le reste de son système grammatical. Une foule de nuances qui, dans les autres idiomes, ne peuvent être rendus qu'au moyen de plusieurs mots ou de plusieurs périphrases, se trouvent, chez les Basques, exprimées au moyen de suffixes ou des mutations de lettres. On en pourra juger par la suite de ce travail. Ces désinences peuvent, de plus, se joindre à toutes les parties du discours. On dira aussi bien *handiago,* plus grand, que *gizonago,* plus homme, ou que *bide hau bideago da*, ce chemin-ci est meilleur (litt. plus chemin) et *yatenago dut*, je mange davantage. On trouve également *gizontto*, bon petit homme et *gizontutto*, devenu un peu homme ;—*horra*, par là et *horatto*, un peu par là. Elles peuvent, en outre, comme la plupart des autres désinences de la même langue, s'ajouter les unes aux autres en nombre indéfini. Ex. : *gizonche*, trop homme et *gizonago*, plus homme, d'où *gizonchago* (pour *gizoncheago*), un peu plus homme ; qui agit davantage, trop en homme, et *gizonchagotto*, un petit peu plus homme. Enfin, la plupart des désinences comparatives, augmentatives ou diminutives consistent, ainsi que nous le verrons par la suite, en flexions casuelles plus ou moins modifiées. Nous diviserons les marques de dimension en deux classes formées : la première, de celles qui sont susceptibles d'une double forme augmentative et diminutive ; la seconde, de celles qui ne se présentent que sous une seule forme.

§ 1er. — DÉSINENCES DOUBLES.

Il faut savoir qu'en basque la transformation du *z*, *s* ou *ts* en *tch* ou *ch*, et plus rarement celle du *t* en *tt* a pour effet de diminuer la valeur de l'objet. Cela se remarque parfois même dans l'intérieur des mots, ex. : *zakhur*, chien de moyenne ou de grande taille, et *chakhur*, petit chien ; — *kiskil*, sale, malpropre (se dit des personnes fortes et corpulentes), et *kichkil* (pour les personnes chétives). — *Dizut*, j'ai (forme ordinaire), et *dichut* (traitement enfantin) (1), j'ai (dans le dialecte de Bardos). *Gizon*, homme de taille élevée ou moyenne, et *gichon*, homme de petite taille. Il est évident, d'ailleurs, que les formes sifflantes sont primitives, et que les diminutives marquées par la palatale sont une altération de celles-ci.

(1) *Langue basque et langues finnoises*, par S. A. I. le prince Louis-Lucien Bonaparte, p. 21.

1° *ska* et *chka*.

Ces désinences s'ajoutent à des noms et à des adjectifs : la première pour les objets d'une certaine dimension, la seconde pour les objets plus petits. Elles ont un sens familier ou méprisant. Ex. : *yaunchka hori da nere arrebaren senhargaia*, ce petit monsieur est le fiancé de ma sœur; — *onchka da oraï Manuel egitekoetan*, Manuel est actuellement assez bien dans ses affaires. Nous devons, je pense, voir dans cette désinence, l'instrumental *ka* précédé d'une consonne euphonique.

2° *skila* et *chkila*.

Ces désinences ont presque la même valeur que les précédentes. Seulement, elles marquent un peu davantage le mépris. *Skila* se dit des objets gros et forts; *chkila*, des objets ou êtres plus petits. Je serais porté à croire qu'elles sont formées des désinences précédentes, avec modification de la voyelle finale et suivies de la flexion allative.

3° *sko* et *chko*.

Sko signifie *assez*. Ex. : *handi*, grand, et *handisko*, assez grand. *Chko* répond à nos adverbes *un peu*, *passablement*. Ex. : *gaztechko hiz orano soldaturik irabazteko*, tu es bien jeune encore pour gagner des gages; — *harditchko hiz enetzat*, tu es un peu hardi pour moi; — *onchatchko da oraï Manuel bere egitekoetan*, Manuel n'est actuellement pas mal dans ses affaires. Les finales paraissent dériver du locatif précédé d'une consonne euphonique.

4° *to* et *tto*.

« Ces deux affixes, nous dit M. Salaberry, sont « ajoutées à des substantifs pour en modérer l'im- « portance : *to* pour les noms d'individus, personnes « ou choses, qui sont gros et forts, mais courts ; *tto* « s'ajoute à des noms d'individus chétifs ou de « grandeur moyenne. » Ces désinences emportent une idée favorable. Ex. : *gizontto,* bon petit homme ;— *gizonto hori kontent da bere buriaz,* cet homme est content de sa personne ; — *gizontto hori enganatia izan da,* cet homme a été trompé.

5° *zu, tsu, tchu, so*.

Zu ou *zua* (en navarrois, *zi* et *zia*) signifie *abondant en biens, pourvu de.* Ex. : *kolorezu,* coloré, riche en couleur ; — *odolzu,* sanguin (*odol,* sang). Parfois, le sens de cette finale est celui d'un véritable superlatif. Ex. : *igelzu,* plâtre *(igeri,* humide) litt. très-humide ; — *zurrumino seinhalezu,* très-gravé de la petite vérole.

Dans d'autres dialectes, on écrit *tsu.* Ex. : *handitsu,* grandiose (*handi,* grand) ; — *chouritsu,* chargé de blanc (*chouri,* blanc) ; — *hourtsu,* aqueux (*hour,* eau); — *legatsu,* affectueux (*legun, lagun,* ami, compagnon); — *bizartsu,* barbu (*bizarr,* barbe) ; — *elhetsu,* verbeux, bavard (*elhe,* parole).

Dans *zetachu,* tamis à larges mailles, cette finale

est opposée à la diminutive *be*. Ex. : *zethabe*, tamis à mailles étroites.

On trouve cette finale un peu modifiée dans *aitaso*, grand-père (*aita*, père) ; — *amaso*, grand'mère (*ama*, mère); — *itchaso*, mer (litt. *aqua abundans*, de *itch* ou *itz*, eau, rosée).

La diminutive de *zu* est *tchu* (*tchi* en navarrois; par ex. : *erditchian*, presque au milieu, pour *erditchuan*). Elle a le sens de *presque*, *à peu près;* ex. : *berdintchu azkar dira zure semia eta enea*, votre frère et le mien sont à peu près d'égale force ; — *zure bi semek elgar iduritchu dute*, vos deux fils se ressemblent à peu de chose près; — *Franziaren erditchuan da Neversko hiria*, la ville de Nevers est presque au centre de la France; — *Italiaren baztertchuan da Tarentako hiria*, la ville de Tarente est presque à l'extrémité de l'Italie.

§ 2. — DÉSINENCES SIMPLES.

1° *be* ou *pe*.

Bien que cette finale soit généralement substantive, comme l'a fort bien démontré M. l'abbé Inchauspe (1), elle doit cependant être considérée comme une vraie diminutive dans quelques mots, par ex. : *zethabe*, tamis à mailles étroites, par opposit. à *zetatchu*, ainsi que nous l'avons déjà vu. — De même dans *nerabe*,

(1) Voy. *Annales de Philosophie chrétienne*, n° 79. — Juillet 1866, p. 30 et 31.

garçon, serviteur (litt. *sub homine*, *homo parvus*), par opposit. à *nerkato* ou *neskato*, servante. Le radical, qui n'existe plus sous sa forme isolée dans la langue basque actuelle, doit évidemment se rapprocher du ἀνήρ grec, du *nara*, homme, en sanscrit. Le sens propre de *pe* ou *be* est celui de *sub*. De là, on a pu passer à l'idée de petitesse, d'infériorité, comme dans le français subdélégué, sous-diacre, sous-inspecteur, sous-préfet, etc.

2° *skot*, *skato*.

Marque l'infériorité, le mépris ; signifie *quelque peu*, *un peu* ; ex. : *handiskot*, quelque peu grand ; — *gizaïzkot*, méchant petit homme ; — *neskato* (pour *nerskato*), servante. On le trouve quelquefois suivi de l'adjectif *zar*, vieux ; ex. : *neskatzar*, vieille fille, fille méprisable, etc.

3° *ni*.

Marque la petitesse, mais avec une nuance affectueuse ; ex : *handi*, grand, et *handini*, tant soit peu grand ; — *gizon*, homme, et *gizonni*, cher petit homme.

4° *nno* ou *no*.

N'a d'autre fonction, nous dit M. Salaberry, que de rendre digne de pitié ou de commisération le substantif qui en est suivi. On ne l'emploie qu'avec les noms propres ; ex. : *Marinno*, pauvre petite Marie ; —

Yoanno, Martinno, Piarranno, pauvre Jean, Martin, Pierre. Peut-être pourrait-on la rapprocher du *no* continuatif.

5° *ter* ou *tser*.

Signifie *manquer à*, *faillir à*, *presque*, et a toujours la valeur de passé, de chose accomplie. On emploie *tzer* après les radicaux terminés par une voyelle ou l'une des consonnes *l*, *n*, *r*, *t*; ex. : *mankatzer dut*, j'ai failli manquer, j'ai presque manqué; — *erratzer niz*, j'ai manqué me brûler; — *erhotzer da plazerrez Julien*, Julien a failli devenir fou de plaisir; — *maingutzer da zure arreba*, votre sœur a failli devenir boiteuse; — *saltzer nien*, j'ai failli vendre; — *samurtzer dira goizian zure bi anayak, elgar ezin komprenituz*, ce matin, vos deux frères se sont presque fâchés, ont failli se fâcher, ne pouvant se comprendre; — *hitzer niz atzo*, j'ai failli mourir hier; — *oharttzer da zure aita*, votre père a failli s'en apercevoir.

Après les consonnes, autres que celles sus-mentionnées, l'on emploie *ter*; ex. : *hautchter dut zure basoa*, j'ai failli casser votre verre; — *hartzer dira gizon horiek kolpeka*, ces hommes ont failli en venir aux coups; — *nahaster dut ene ogia zurearekin*, j'ai failli mêler mon froment avec le vôtre; — *ahatzter dut zure gomendia*, j'ai failli oublier votre recommandation.

Les radicaux verbaux en *k* prenant l'*i* signe du participe, le font naturellement suivre du *tz*, non du *t*; ex. : *idekitzer dut athe hori uste gabez*, j'ai failli ouvrir cette porte par mégarde; — *auzikiter nu chakurrak*, le chien a failli me mordre.

6° te.

Signifie abondance de la chose exprimée par le mot précédent et souvent elle suit l'adjectif *handi*, grand ; ex. : *igaran bedatcheko euriteak ekharri du aurthengo urte gaichtoa*, les pluies abondantes du printemps passé ont produit la mauvaise année courante ; — *agorteak aurthen kalte ekharriko da laborantzari*, cette année, la sécheresse fera du mal à l'agriculteur ; — *gerla handiek ekhartzen ditzute kasik bethi gosetea eta izurritea*, les grandes guerres produisent presque toujours la famine et la peste. Il est probable que cette désinence est la même que celle en *tze* ou *te* (suivant les dialectes), de l'infinitif ; ex. : *yatea*, manger, le manger (τὸ *edere*) ; — *izatea*, l'être (τὸ *esse*). On sait que cette finale infinitive s'ajoute à beaucoup de substantifs ; ex. : *idorte*, sécheresse (litt. *le être sec*) ; — *ihizte*, rosée (de *ihitz*, eau ; litt. τὸ *esse aqua*) ; — *izozte*, gelée ; — *harrite*, grêle ; — *sagartze*, pommier, etc.

7° che.

Signifie *trop*, *un peu trop*, ex. : *gizonche*, un peu trop homme ; — *handiche*, un peu trop grand ; — *handiche eta ttipiche bi echtremitate dira, berdin gaichtoak*, trop et trop peu sont deux extrémités également mauvaises.

8° egi, eghi.

Répond à notre adverbe trop, ex. : *handieghi*, trop

grand; — *gizoneghi*, trop homme; — *berantegi ez hadila pharti*, ne pars pas trop tard; — *goizeghi yin hiz*, tu es venu trop tôt; *egi*, pour le sens, est un synonyme parfait de *che*. On peut employer, à son gré, l'une ou l'autre de ces désinences; il paraît dériver du *ki* ou *gi* instrumental.

§ 3. — DEGRÉS DE COMPARAISON.

1° *Comparatif*.

Marqué par le *go* locatif précédé de l'article, *que* s'exprime par *bano*, continuatif de *baï*, *certè*, *ita*. Le régime de cet adverbe reste au radical; ex : *elurra bano zuriago*, plus blanc que la neige. Nous avons, du reste, assez parlé du comparatif en *go* dans notre travail sur la déclinaison basque, pour n'avoir pas à y revenir ici.

2° *Superlatif*.

Le superlatif simple ou excessif se marque simplement au moyen de quelques particules, telles que *chit*, *anitz* (pour *handiz*, médiatif de *handi*), litt. *per magnum*; ex. : *chit*, *anitz zurhurra*, multùm sapiens.

Le superlatif absolu est exprimé par le génitif pluriel de l'adjectif, ou du nom mis au superlatif, que précède le régime également mis au génitif; ex. : *gizonen handiena*, hominum maximus.

§ 4. — DE LA CONJUGAISON DU NOM ET DE L'ADJECTIF.

De même qu'en basque, les verbes se déclinent, de même le nom, l'adjectif et même l'adverbe peuvent recevoir certaines formes de conjugaison. Nous venons de parler de la désinence infinitive employée avec le nom verbal, certains autres substantifs et que l'on retrouve peut-être dans les formes en *tara, tarik.* Nous savons que les noms peuvent, en quelque sorte, prendre des marques de temps; ex. : *emazte*, femme, épouse, et *emaztegaia*, épouse future, fiancée; — *zen* est à la fois 3e personne du singulier de l'imparfait indicatif et accolé au nom dans le sens de *feu*, défunt; ex. : *ertor zena*, feu M. le curé. *Zena* seul se prend d'ordinaire dans le sens de *feu mon père*. Quelque chose de tout semblable se produit en Algonquin (1) et vraisemblablement encore dans d'autres dialectes du Nouveau-Monde.

(1) *Études philologiques sur quelques langues sauvages de l'Amérique*, par N.-O. Montréal, 1866.

Caen, typ. F. Le Blanc-Hardel.

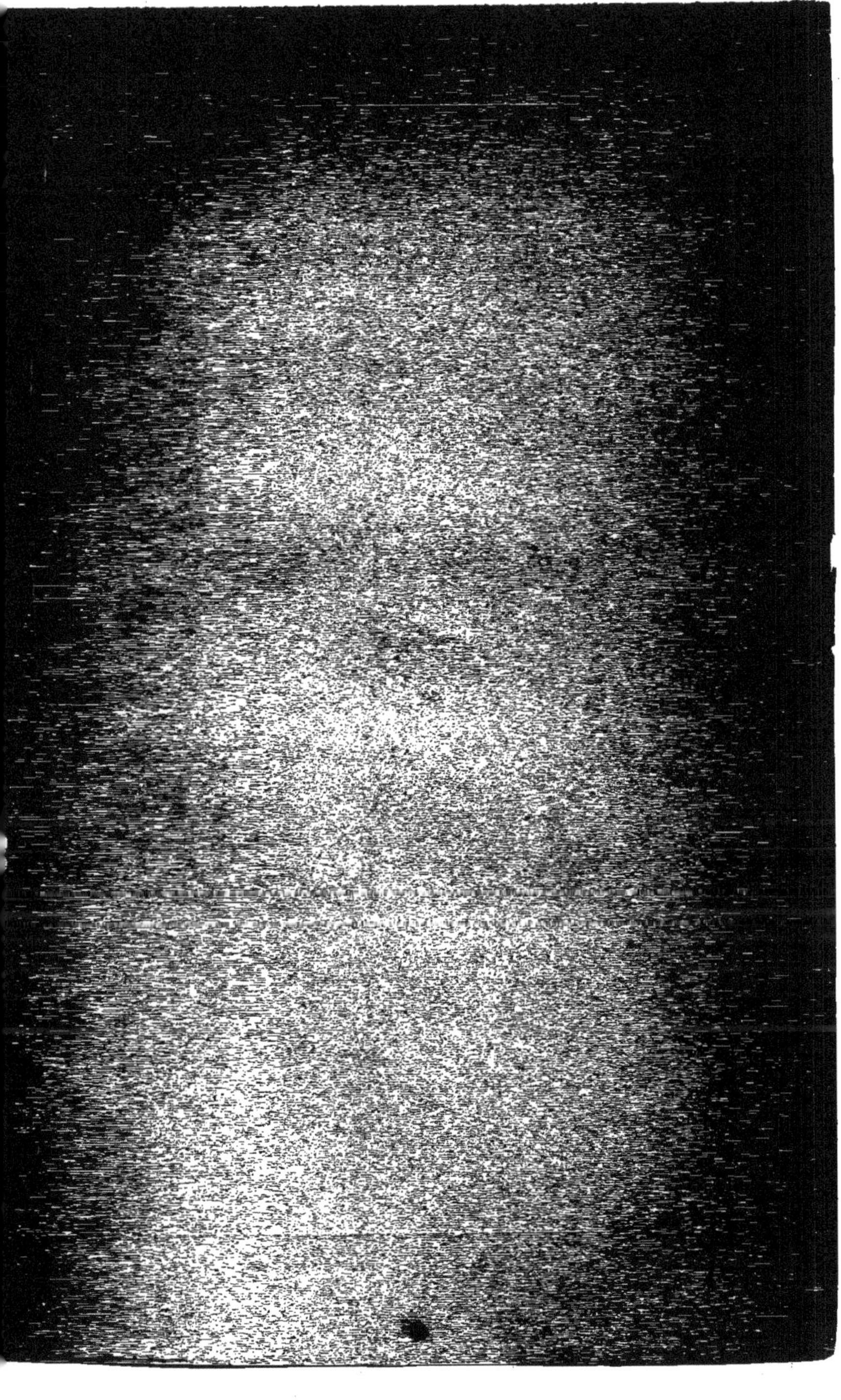

www.ingramcontent.com/pod-product-compliance
Ingram Content Group UK Ltd.
Pitfield, Milton Keynes, MK11 3LW, UK
UKHW021151230726
13926UKWH00001B/34